埼玉児童詩集　8

# わたしのおとうと

# わたしのおとうと

坂戸市・北坂戸小　一年　しのざわ　ひろか

おとうとの　もときは
ぎゅうにゅうがきらいです。
じどうしゃや
ひこうきのおもちゃがすきです。
四さいになるけど
まだあるけません。
しゃべることもできません。
おかあさんと　おばあちゃんで

そっとだきあげて　くるまいすにのせます。
ほねがおれるとこまるからです。
もときはときどき
いいえがおをみせてくれて
かわいいです。
もときは　ときどきにゅういんします。
わたしは　いつか
もときがなおって
てをつないであるけるとおもいます。

【指導】菅原ひろ子

埼玉児童詩集8　わたしのおとうと　もくじ

## 家族
## おんぶの宿題

学校生活

# 一年生の学校あんない

二年生になった。
少しおとなになった。
学校のお仕事もできる。
一年生の世話もしてあげる。

# 先生の手

上里町・上里東小　一年　のぶさわ　よしゆき

ぼくの手は、いつも　あたたかい。
先生の手は、いつも　つめたい。
ぼくは　よくあるけないので、
先生と手をつないで
あるきます。
ぼくは、りょう手で
先生の手をつつみました。
「やわらくて　あったかい。」
先生が　うれしそうに　わらいました。
ぼくも

「にこっ」とわらいました。
先生の右手が
すこし　あたたかくなりました。

【指導】児島淑恵

# 防犯ブザー

上里町・上里東小　一年　よしだ　あみ

ブザーのひもを
ふんじゃった。
ピリピリビリー
ピリピリビリー
すごい　おとがした。
ブザーがこわれて　なりっぱなしだった。
教むの　くぼた先生が
なおしてくれた。
やっと　とまった。
ぼうはんブザーは　ならしたことがないから

ほんとに　びっくりしたよ。

【指導】児島淑恵

# うんてい

鶴ヶ島市・藤小　一年　いちかわ　いずみ

わたしは　うんていが大すきです。
だから　いつもいつも
うんていをやっています。
まめがつぶれたらいたいけれど
たのしすぎてやめられないんです。
ままが、
「ままは一年せいのとき
　あしかけまわりがとくいだったの。」と
ゆうべおふろではなしてくれました。
ままは　ほぼさんだからげんきです。

わたしは
うんていがすっごくじょうずになったら
あしかけまわりもしたいです。

【指導】小谷野淑子

# あやとり

所沢市・明峯小　一年　井出　ますみ

がっこうに
あやとりをもっていきました。
わたしが　あやとりをしているとき
みんなが
「あやとり　かして。」
と言ったので
わたしはかしてあげました。
「おしえて。」
と言ったので
おしえてあげました。

だから　わたしは
あやとりをしたのはちょっとだけでした。

【指導】渡辺登美江

# しろつめくさ

上里町・上里東小　一年　たきがみ　ひろこ

みんなで
しろつめくさをみつけました。
一ぽん　とりました。
いいにおいがしました。
あみちゃんと
そうやくんと
めぐちゃんと
せんせいの
しろつめくさを　あわせて
みんなで

かおを　ちかづけました。
もっと　いいにおいがしました。

【指導】児島淑恵

# あしあらいば

上里町・上里東小　一年　すずき　こうよう

あしあらいばのすみに
つちが　いっぱい　たまっていました。
みみずが　いました。
シャベルでほったら
いっぱい　でてきました。
「みみずのいる　土は　いい土だよ。」
と　せんせいが　いったので
あらいばの　土を
がっきゅうえんに　いれました。
みみずも　いっしょに　いれました。

みみずは、どこにいったか、わかりません。

【指導】児島淑恵

# 赤いいと

上里町・上里東小　一年　たぐち　のりゆき

「赤」という字をならった。
ことばあつめのとき
早くぼくのばんに　ならないかな
とおもった。
ぼくは、大すきな　えほんをおもいだして
「赤いいと。」といった。
せんせいは
びっくりしてぼくを見た。
ぼくは、わらっちゃった。
せんせいも　にこにこしていた。

せんせいが
「赤い　いと。」
といって　ぼくと手をつないでくれた。

【指導】児島淑恵

# 二年生

深谷市・深谷西小　二年　野口　えりな

二年生になって
すこし　おとなになったような気がします。
ランドセルの黄色いカバーがはずれました。
きょうしつも　二かいになりました。
わたしのつうがくはんに
一年生の男の子がはいりました。
わたしが一年生だったとき
足がつかれて　いきがくるしくて
やっと学校につきました。
きょうは　足が　ぜんぜんいたくありません。

【指導】若林敏子

# せきがえ

深谷市・岡部小　二年　えはら　りさ

きょうせきがえをした。
となりのせきは
山田みなちゃんだ。
よかった。
みなちゃんとそうだんした。
みなちゃんに
れんらくちょうに書くしゅくだいをおしえた。
みなちゃんがわらった。
わたしもわらった。

【指導】金子満枝

# 学校のあんない

所沢市・牛沼小　二年　大はし　りん

あしたは
一年生の学校あんないをする日です。
あしたは　ほんばんです。
まちがったらだめだから
まちがわないようにがんばります。
わたしは　ほけんしつをあんないするかかりです。
めなちゃんは　としょしつをあんないします。
けん一ろうくんは　パソコンしつのあんないです。
れんくんは　りかしつをあんないします。
しょくいんしつは　せんせいがします。

【指導】渡辺登美江

# ししゃも

行田市・行田小　二年　岩上　ゆうま

給食で出たししゃも
頭から食べると頭がよくなる。
しっぽから食べると
足がはやくなる。
わたしは頭を目のうしろからきって
しっぽはひれの少しおなかの近くをきって
りょう方いっぺんに食べた。
だから
頭がよくなって　足もはやくなった。
かけ足でとなりの組のユカちゃんにかった。

【指導】金子満枝

# わすれもの

所沢市・牛沼小　二年　かたやま　ちなみ

学校にわすれものをしてきました。
作文を書くかみです。
ランドセルの中をなんど見ても見つかりません。
ママもさがしてくれたけどありません。
ママが一しょに学校に見に行こうと言いました。
ママはしょうこう口でまっていて
わたしは一人でしょくいんしつに行きました。
一年生のときの原先生が
「ちなみちゃん　どうしたの」
といいました。

わたなべ先生が
「あら、ちなみちゃん　いつお洋服きかえたの」
といいました。
わたなべ先生が一しょに教しつに来てくれました。
しゅくだいのかみは
つくえの中にはいっていて
なんだか　うれしいきぶんになりました。
いま書いているのがそのかみです。

【指導】渡辺登美江

# あんちゃん

本庄市・藤田小　一年　仲よし学級　ひろみ

ジャングルジムにのぼったら
あんちゃんがみえた
音楽室で　木きんをたたいていた。
おれはこえにださないで
「あんちゃん」ってよんだ
そしたら　あんちゃんが
ちょっとこっちむいた。
おれに気がついたんかな
おれは木きんにあわせて
「こぎつね　コンコン」

ってたたいてみた。

【指導】大野英子

# 糸ひき

所沢市・若狭小　四年　関上　梨絵

まゆの糸をひきました。
糸がビビビッ、ととれて
とても気もちよかったです。
白いまゆをさわったら
へっこみそうにうすくなっていました。
糸まきにまいた糸は
すごくきれいでした。
くるくると回していきながら
糸が切れないかなあと心配でした。
最ごまでやりたかったけれど

一ノ瀬さんと交代しました。
白いまゆをふると
ゴト　ゴト　と音がしました。

【指導】渡辺登美江

# 車椅子体験

深谷市・岡部小　六年　小川　聡

ぼくは老人になったつもりで車椅子に乗った。
体育館の前の所を
自分一人で　やらせてもらったら
かたむいている方に流されてしまった。
桜の根っこにつまって動けなくなって
木村君が引っぱり出してくれた。
車椅子はすれちがうのに
二メートル六十センチの道幅が必要で
三センチの段さはのぼれない。
校門の前の坂を一生けんめいのぼっていたら

「元気なおじいさんだなあ」
通りかかった人に言われた。
老人のつもりになるのは
むずかしいと思った。

【指導】金子満枝

## 自然

# とかげのたまご

発見が一ぱい。
でも　その気で見ないと
見つからない。
自然ってうまくできてるな。

# てんとうむし

入間市・西武小　一年　やない　のぞみ

てんとうむしがたくさんいました。
たいいくかんで一ぴきみつけて
そしたらもう一ぴきとんできて
こうていで一ぴきみつけて
つぎにげたばこで三びきみつけて
六ぴきもみつけました。
うちにかえるとき一ぴきみつけて
そとにあそびにいったら三びきみつけて
ぜんぶで十ぴきみつけました。
さらに

としょのじかんに　せんせいが
てんとうむしのかみしばいよんでくれたから
きょうは
てんとうむしのことで一ぱいになりました。
きょうはあったかい日でした。

【指導】渡辺由紀枝

# うさぎ

上里町・上里東小　一年　いとう　みゆ

うさぎのあかちゃんを
だっこしました。
だっこしたら
ふわふわしていました。
わたしのむねのところで
はなを
ぴくぴくさせて
においをかいでいました。
おかあさんとおもったのかな。

【指導】児島淑恵

# 雨の日

坂戸市・片柳小　一年　やまざき　たかし

たいふうがどっかへいった。
水たまりがいっぱいで
外であそべなかった。

かたつむりが
はっぱにくっついて
どんどんのぼっていきました。

【指導】宮原ひろ子

# つばき

上里町・東児玉小　二年　中沢　まみ

つばきの赤い花びらに
雨が
まあるくついていた
さわったら
しずくが　ぽあんとおちた

【指導】井上冨美枝

# たらのめ

所沢市・牛沼小　二年　きし　みさ

たらのめをとった。

ぼうしの中にそっと入れた。

「先生、いいものとったよ。」

と言った。

「いいわね。見せて。」

「たらのめだよ。」

って言って　ぼうしの中を見せた。

「おいしそう。」

と先生が言った。

ぼうしをそっとしまって

学校にかえった。

【指導】渡辺登美江

# 春

本庄市・本庄東町　二年　根岸　和美

ありは　どろの中で
小さな口で　息を出した。
小さなあったかい　息を出した。
あたまの　つのを
ぴくぴく　うごかして
春だなと思った。

【指導】大野英子

# 大雨

入間市・西武小　二年　市川　たかゆき

かえるとき
雨がぽとぽと　おちてきだした。
そのとき
ゴローン　ドカドカ　ピカーン
かみなりが
ガソリンスタンドの　うしろに見えた。
大雨もふってきた。
ぼくは　びちょぬれになって　はしった。
風がつよくなって
おもいきり　ぼくにぶっつかった。

「大雨　こう水注意報」と
放送がながれてきた。

【指導】寺本悦子

# いど

所沢市・牛沼小　二年　青木　みな子

いえに　いまはつかっていない
いどがあります。
ふたが　すこしあいていて
耳をすますと
ながれるおとがきこえてきます。
「むかし　すいどうがないじだいに
　つかっていたんだよ。」
と　おじいちゃんが　いっていました。
いまは　うらに　ぽつんとあるいどです。

【指導】渡辺登美江

# かみなりと雨

美里町・松久小　二年　ねぎし　みほ

「まだふってこないな。」
おじいちゃんがいいました。
かみなりが二かいなったら
雨がふってきました。
はじめまっすぐだった雨が
ななめにふっていました。
木の葉っぱが
ちょんちょんうごいていました。
ピカッとひかって
かみなりがなりました。

つよくふると
雨の音がつよくなりました。
ゆかちゃんちの空はオレンジ色で
うちの方は水色でした。
雨がやんだら同じ色の空になりました。
やんだあと　大きなかみなりがなりました。
つゆは　かみなりがよくなるなあ。

【指導】井上冨美枝

# かたつむり

美里町・東児玉小　二年　みやざき　ともみ

わたしがかっているかたつむりの水そうを
よく見たら
白いたまごが九こありました。
わたしは
なにかの虫がはいりこんで
たまごを　うんだのかな　とおもいました。
お母さんと一しょにりかずかんを見たら
やっぱり　かたつむりのたまごでした。
こんな小さいかたつむりがたまごをうむなんて
おもっていませんでした。

ずかんには二十日から三十日で
たまごからかえるとかいてありました。
こんな小さな白いたまごから
どんな　かわいいかたつむりの赤ちゃんが
どうに　うまれてくるのかなあ。

【指導】井上冨美枝

# けむり

所沢市・中沼小　二年　石井　とも子

けむりがでていたところに
とりが　いっぱいとおりました。
わたしは、
わあ　けむりがきれると思いました。
とりは、
とおりすぎて　いなくなりました。
でも
けむりは　きれませんでした。
うえに、
ぐんぐんのびていきました。

【指導】渡辺由紀枝

# たかりもん

本庄市・藤田小　仲よし学級　まこと

イノコズチっておもしろいなまえだ。
みちに立ちどまって言ってみた。
イ・ノ・コ・ズ・チっていきが五かいでた。
おれは　一どでなまえおぼえちゃった。
せんせいのズボンにもいっぱいついてる。
「せんせい　イノコズチつけたままにしてると
　かいくなるよ」
おれはしゃがんで
せんせいについているたかりもん
とってあげた。

【指導】大野英子

# はる

本庄市・藤田小　仲よし学級　ひろみ

もぐらのあなに手を入れた
ぽこぽこ　あったかかった
つくしんぼが
きみどりのこなをとばしている
おれ　うれしくって
川の土手　はしっちゃった

【指導】大野英子

# 春

越谷市・大沢小　三年　古川　賢次

ひがん花のはっぱは
のめっこくって長い
ひがん花のはっぱは
虫のすべり台だ
枯れた田のくろに
ひがん花のはっぱだけ緑色だ。

【指導】大野英子

## 雨

越谷市・大沢小　三年　金子　悦子

雨がふると
たんぼの　うき草が
しずんでは
また　うきあがる

【指導】大野英子

# とかげがたまごをうんだ

所沢市・北秋津小　三年　加藤　はるか

とかげのメスがたまごを生みました。
五つうみました。
二つは、一組のゆうた君、しおん君にあげました。
もう一つ生まれそうです。
大とさんりゅうなさんも
たまごをいっしょにおせわしています。
二回目のたまごを生む時は見ました。
目の前で生んでくれました。
ないていました。
なき声は、

「キュー、キュー。」です。
三十回ないていました。

【指導】渡辺登美江

# タンポポのくき

所沢市・若狭小　四年
牧野　幸恵

タンポポのくきをひらいて
水につけたら
タンポポのくきが自然に
くるくるまるまっていきました。
まるくなっていたので
イヤリングを作って
耳につけてあそびました。
かみの毛のまるまった人形を作りました。
ジュースのかきまぜぼうにしました。
指わも作りました。

【指導】渡辺登美江

# 雨

入間市・東町小　四年
内田　圭亮

雨つぶが小さかったです。
雨つぶは細かったです。
雨はかさにあたると丸くなります。
そしてポタポタ落ちて
音楽みたいです。
かさの上でまるくなると
大きな雨つぶになります。
きりさめだと思っていたけれど
きりさめが一番ぬれます。

【指導】渡辺由紀枝

# ダンゴ虫

深谷市・岡部小　四年　佐藤　佑介

ぼくはダンゴ虫が大好きです。
三歳ごろから
丸まっているのでビービーだんのように
投げて遊んでいました。
坂道におくとコロコロころがっていきます。
コンクリートにのせると歩いて
土の上におくと丸まって動かなくなります。
ダンゴ虫に顔があるのに気づいたのは
近ごろになってです。
ダンゴ虫には目も口もあります。

ぼくはダンゴ虫をいつも見おろしていたので
足をよく見たことはありませんでした。
ダンゴ虫の足は　片側に七本ずつ
全部で十四本あります。
十四本の足はピアノをひいているように
なめらかで
波うっているように動きます。
ダンゴ虫は脱皮するとき
カニみたいな固いこうらを
どうやってぬぐのかなと思ったら
前と後ろを別々にぬぎました。
はじめ　前半分が白くなって
ぬぎおえてから一か月くらいたって

後ろ半分が白くなってぬぎおわりです。
出てきたダンゴ虫は
色がこくなって
前よりたくましく見えました。

【指導】金子満枝

# アゲハのたまご

所沢市・若狭小　四年
野村　由紀

家のさんしょうの木で
おととい
アゲハのたまごを三つ見つけました。
今朝　たまごが黒っぽくなっていました。
私は（かえるのかな）と思いました。
学校へ行きました。
家に帰ると
「たまごかえったよ。
八時三十分
由紀ちゃんが学校に行って少したってから」

お母さんが話してくれました。

私が見たら
ちっちゃいちっちゃい黒いものがありました。

「たまごからかえった時は茶色だったよ」

お母さんが言いました。

「たまごのから　食べちゃったよ」

と言いました。

私が見た時
幼虫は　さんしょうの葉にじっととまっていました。

【指導】渡辺登美江

# ありんこ

本庄市・藤田小　五年　仲よし学級　ひろみ

先生　この　ありんこ　自殺するよ
くらい穴の中に
一人で　はいっていった。
ありんこ　辛いことが　あったんだね。
でも　自殺は　だめよ。
先生は　小さいおかしを　穴のそばにおいた。
穴から　ありんこが　おおぜい出てきた。
なーんだ　このあな
ありんこの　おうちだったんか
おれ　お墓だと思っちゃった。

【指導】大野英子

# 家族
# おんぶの宿題

家族　みんながいる家がある。
泣きながら帰れる家がある。
わたしを待ってる人がいる。
猫も犬も家族
いいなー。

# かけざん

深谷市・西小　二年　たかい　こうすけ

二のだんを十かい言いました。
お母さんは　ねながら　きいてくれました。
ときどきねちゃうと
いもうとが　おこしてくれました。
つかれているんだなと思って
ぼくは早く言いました。
まちがうと
「あ、そこもう一かい。」
といいました。
「十かいきくとつかれるな。」

といいました。
ぼくもつかれました。

【指導】若林敏子

# はつもうで

深谷市・岡部小　二年　さとう　ゆうすけ

くまがやへはつもうでに行った。
お母さんが
「このお水で手をあらうといいことがあるよ。」
言いながら手をあらった。
ぼくもあらった。
水の中に百円入れて
「雪がふりますように。」
といのった。
お母さんがお守りをかっている間に
ちょっとだけ雪がふった。

うれしい。
雪をたべた。
かきごおりの何もかけてないあじがした。
雪、つもるかなあ。

【指導】金子満枝

# 豆まき

入間市・西武小　二年　よしはら　なお

弟のしゅんが
「早くまめまきしようよ。」
というと
お父さんが
「十びょうかぞえたら。」
といったから
十かぞえました。
お父さんが
「わー―。」
といって

おめんをかぶって　でてきました。
わたしとしゅんは
はりきって　まめをなげました。
そしたら　つよすぎて　おにが
「いたい。」
といいました。

【指導】寺本悦子

# うまれてきたこと

鶴ケ島市・藤小　二年　しぶや　あきの

わたしは十一月二十一日に生まれました。
ママのたんじょう日は十一月二十二日で
ママがあと三十分
わたしをうむのをがまんしていたら
同じたんじょう日になっていたそうです。
でもわたしは
同じたんじょう日じゃなくて
よかったと思います。
なぜかというと
ケーキがつづけて二回たべられるからです。

ママは　かんごふさんに
「かわいい女の子ですよ。」
と言われて
とってもよろこんだそうです。
おむつをさいしょにとりかえてくれたのは
おとうさんだそうです。
ミルクをのませてくれたのも
おとうさんだそうです。

【指導】小谷野淑子

# お手玉

上里町・上里東小　二年　さとう　みく

私のひいおばあちゃんは、
大正三年うまれで　九十歳です。
お手玉がじょうずです。
かた手で　二つのお手玉をします。
おやゆびと　人さしゆびで
一つのお手玉をもち
くすりゆびと　こゆびで
もう一つのお手玉をもちます。
おやゆびと　人さしゆびの
お手玉をなげて

のこりのお手玉を
中ゆびとおやゆびで
前に　いどうさせて
おちてきたのを
くすりゆびと　こゆびでとり
これを　くりかえします。
先生がわたしのしを見ながら
れんしゅうしていました。

【指導】渡辺由紀枝

# おふろ

深谷市・西小　三年　たかはし　大き

おとうさんとおふろにはいるとき
いつもすることがあります。
このまえのしゅくだいが
家の人のせなかながしだったので
おとうさんははりきって
ながしてもらうきです。
おとうさんは、
うれしそうなかおをしています。
それを見ていたら
大きまではいりたくなります。

けど、なんではりきって
はいりたくなるかわかりません。
とてもふしぎです。

【指導】若林敏子

# お母さんがおこった

坂戸市・片柳小　三年　小林　りゅうじ

おねえちゃんをおこっている。
お母さんがおこっている。
ぼくは耳がいたくなってきた。
二階へ行った。
また下に行った。
まだおこっている。
ぼくは
階だんの一番さいごのだんで
落っこちた。
まだおこられている。

【指導】宮原ひろ子

# 色水

上里町・上里東小　三年　丸はし　みゆき

たんぽぽの花で　色水を作ろうとしたら
色がでませんでした。

おばあちゃんが、

「いっしょに作ろう。」

と言ってくれました。

にわにジャーマンアイリスの花が咲いていました。

むらさき色の花です。

もんだだけで、手がむらさき色になりました。

「この花ならできるな。」

と思いました。

おばあちゃんと花をとりました。
紙コップの中に　花びらを入れて
つぶしました。
おゆを入れて　またまぜました。
むらさき色の水でした。
白い布を入れて　三十分まちました。
出したら、きれいな水色になっていました。
おばあちゃんがひろげてほしてくれました。

【指導】児島淑恵

## ひさしぶりに病院でおかあさんに会えた

所沢市・牛沼小　三年　一之瀬　蓮

病院で
お母さんとひさしぶりに会えました。
お母さんは元気そうだったので
ほっとしました。
夜六時になりました。
帰る時間になりました。
弟と妹がなきだしました。
ぼくが
「またあえるよ。」
と言ったら

弟と妹は「うん」と言ったけれど
なきながら家に帰りました。
たい院の日がきまりました。
十月二十七日にきまりました。
弟が
「何日、ねえ　何日。」
としつっこかったので　ぼくは
「十月二十七日だよ。」
と何かいもこたえてやりました。

【指導】渡辺登美江

# 花笠音頭

入間市・扇小　三年　かしわくら　よしみ

えんになっておどっているとき、
おとうさんとおかあさんがいました。
にこにこしてました。
たてに　まっすぐになると
おとうさんと　おかあさんは見えませんでした。
ちょっとがっくりしました。
トラックにのると
けいろうせきの
おじいちゃん　おばあちゃんのところにきました。
おじいちゃん　おばあちゃんたちがえがおでした。

【指導】寺本悦子

## えんそく

本庄市・藤田小　三年　仲よし学級　大谷　昭利

みや子に
ながいえんぴつのおみやげをかった。
みや子はびょうきになるまえ
おもちゃのながいえんぴつをほしがっていた。
おれは
長とろのばいてんで長いえんぴつを見つけたとき
かなしくなった。
みや子はもういない。
みや子
えんそくに行きたかったろう。

あんちゃんが
みや子におみやげかっているんだよ。

うちにかえって
「みや子におみやげ」

って母ちゃんに見せた。

「みや子にそなえてやれ」

母ちゃんがないた。

おばあさんが　だまってよこをむいた。

【指導】大野英子

# 赤ちゃんはぼくのいとこ

深谷市・岡部小　四年　島田　直人

たかやあんちゃんのところに
はじめての赤ちゃんが産まれた。
女の子で
名前は「りんちゃん」
凛ちゃんは　ぼくのいとこです。
おばあちゃん、お姉ちゃんと
病院に見に行きました。
まだ　ナースステーションというところにいました。
赤い顔をして
産まれたばかりなのに

かみの毛がのびていて大きい赤ちゃんでした。
手をいっぱい動かしたり
しゃっくりをしたり
口を大きくあけてあくびをして
最後には目をつぶってねむってしまいました。
よく動くなあと思いました。
今日は病院からぼくの家に帰ってきます。
給食をたべ終わったとき
凛ちゃんはもう帰ってきてるなと思いました。

【指導】金子満枝

## おんぶひも

所沢市・若狭小　四年
吉川　直美

「昔はこうして
　お父さんのご飯を作って
　おみそしるも作ったんだよ。
　おんぶして台所にいくと直ちゃんは
　ゴット、ゴットで言ったんだよ。」
お母さんに
おんぶひもでおんぶしてもらった。
「直ちゃんは
　おろすとすぐに泣くんだもん。」
お母さんが言った。

【指導】渡辺登美江

# おんぶ

所沢市・若狭小　四年　八橋　誠

「お母さん、おんぶが宿題だよ。」
お母さんは
「おっせ。」
と　ぼくをおんぶして
「ねん　ねん　ころりよ。」
とうたった。
かがみの前を行ったり来たりした。
ぼくは
「何だか　はずかしいじゃんか　もういいよ。」
と言った。

あとからお母さんのかたをたたいてあげた。

【指導】渡辺登美江

# 妹

深谷市・岡部小　四年
津幡　安奈

妹のまりあは四歳です。
二時におひるねしないと夜ぐずるので
私がねかせることにしました。
まりあはなかなかねてくれません。
妹のとなりにねっころがって
「よわむしおばけ」や
「ハナ子さん」の話を読んであげました。
まりあはおもしろがって
「おねえちゃん　もっと、もっと。」
と言って　ねてくれません。

それなので「ごんぎつね」を読んであげました。
長いお話でむずかしいので
ようやくねむってくれました。

【指導】金子満枝

# ちほちゃんの妹

深谷市・岡部小　四年　天田　菜月

ちほちゃんとあそぶとき
ちほちゃんの妹もいっしょに遊んだ。
かなちゃんは、まだ三歳なのに
たくさんお話してくる。
保育園であったことで
「なんとかかんとかべり」と
すべり台で遊んだことを話してくれた。
わたしには何のことかわからないけれど
ちほちゃんにはちゃんと伝わっていた。
なぜなのか聞いてみると

「だってもう三年もいっしょにいるんだよ。」
と答えた。
しばらく遊んでいたら何となく
かなちゃんの言っていることが
伝わってくるようになった。
私は一人っ子です。
私もかなちゃんのような妹がほしいな。

【指導】金子満枝

# 受かるといいな

深谷市・岡部小　四年　高橋　里美

お姉ちゃんは受験勉強で忙しい。
お姉ちゃんが高校に受かるように
こっそり　ビーズでお守りを作った。
黄色、黄緑、ピンクと
ビーズを一つ一つ通すたびに
「高校受かれ、高校受かれ」
と思いながら
順番に通していった。
丸い形のお守りにしてあげた。
「高校に受かるお守り」

と紙に書いて
お姉ちゃんのベッドのまくらの上に
そっと　おそなえするように置いた。
次の日の朝　お姉ちゃんが
「里美サンタクロース」
ってうれしそうに言った。
お姉ちゃん、高校受かったら
また前のように　いっしょに遊んでくれればいいな。

【指導】金子満枝

# 麻子をお風呂に入れた

上尾市・平方東小　四年　市川　菜穂子

麻子はぬいぐるみのキリンに
いい子いい子をしていました。
とっても気げんがいいようです。
わたしは服をぬいでお風呂のふたをあけました。
白いモアモアのゆげがお風呂の中に広がりました。
わたしはおゆを三回かきまわして
「ちょうどいいからつれてきて。」
と言いました。
お母さんは、麻子をはだかんぼにして
だっこしてきて

「はい」とわたしました。
麻子は気持ちよさそうにおとなしくしていました。
だから　私はこきりこを歌いました。
お風呂だとひびくから音がのびて
とってもいい声にきこえました。
麻子は手拍子を打つみたいに手を合わせていました。
でも手と手が合わないので
小さい音しかできません。
とってもしんけんな顔で手を打っていました。
デデレコデンのところになると
麻子は手を打つのをやめて
だまってきいていました。
楽しそうにきいていました。

お母さんが
「ハイ、ハイ。」
とタオルをもってきてくれたので
麻子をわたしました。
麻子から
ゆげが　あとからあとから出てきました。

【指導】石井友美

# 成人式

深谷市・岡部小　四年　松嶋　翠

日よう日
いとこのてる美お姉ちゃんの成人式だった。
おばあちゃんのおへやから
しずかに出てきたてる美おねえちゃんを
だれだかみかけない人がいると思って
口がきけなかった。
黄色いお着物に
赤いもようの帯をしめて
いつもとちがってお姉さんが見えた。
私はちょっと感ちがいをした。

てる美お姉ちゃんは
だれかと結婚するんだ、と思った。
お母さんが
「結婚するんじゃないよ。
成人式に行くんだよ。」
とわらって言った。
あと十年たつと
私もあんなふうにお着物を着て
成人式をやるんだな。

【指導】金子満枝

# ゆたんぽ

深谷市・岡部小　四年　小暮　真莉江

わたしの家は
七人家族全員にゆたんぽがあります。
私はまい日夜になると
ゆたんぽをふとんの中に入れてねます。
お母さんがおゆをわかして
おじいちゃん　おばあちゃん
私と双子の妹の五人の
一人ずつのゆたんぽにおゆをいれて
ふたをしっかりしてくれます。
ゆたんぽをふろしきでつつむのは妹たちで

ふろしきをむすぶのは私です。
おふろにはいる前に
毎日おふとんの足の方に入れるのも私のやくめです。
お父さんとお母さんは
おそくねるのであとでいれるのだそうです。
ゆたんぽは
おふろにはいっているようにあったかいので
すぐにねむれます。

【指導】金子満枝

# 「それ」「あれ」「これ」

鶴ケ島市・新町小　四年　阿部　衣里香

おばあちゃんは　何でも
「それ」「あれ」「これ」と言う。
「それ　とって。」
「あれだよね。」
「これ　おいしいよ。」とかだ。
私がふしぎなのは
「おじいちゃん　あれだよ。」と言ったら
おじいちゃんも
「そう　そう　あれだよ。」とこたえた。
私は　なんで話がつうじるのかふしぎだ。

【指導】武市保昭

# 機

本庄市・本庄西小　六年　平柳　勝

カタコトカタコトと
機の音
エプロンをかけて
だまって機を織っている母
くだや棒やゴムが走り回っている
ワッショイワッショイかけ声をかけながら
いせいよく動いている
かげの中で母も動いている
まっ黒い大にゅうどうのような母のかげ
細い糸が根っこのようにからまりあって

赤い色の糸や白い色の糸がまざって
とてもきれいだ
家に来る人が「きれいですね。」と言う。
機の音を聞いていると
ぼくの思ったことが
ことばになって聞こえてくる。
ひもの長くついている電気の下で、
一生けんめい手足を動かしている母。
じーんとしずまりかえった夜に
機の音だけがひびいている。

【指導】金井英雄

## 手伝い

# きゅうりのハウス

お手伝いしながら仕事を覚える。
そして仕事のできる大人になっていく。
お手伝いってすばらしい。
うんと手伝っていい大人になろう。

# なすきり

深谷市・大寄小 二年　森　ちえ子

おとうさんとわたしで
なすきりに行きました。
もう　おじいちゃんが来ていました。
しごとをはじめました。
Aひんはまっすぐに
Bひんは　まがっていたりします。
なすがきりおわったら
木の下のほうの親っぱをとりました。
子どものはっぱに　えいようがいかないから
下のほうの大きいはっぱを　たくさんとりました。

はん分したところで　かえりました。

【指導】金子満枝

# ねぎのめ

深谷市・岡部小二年　はんだ　はるこ

ねぎのめが出た。
小さいめが出た。
めの一ばん上のところに
くろいたねがのっていた。

となりのはたけでおじさんが
ねぎをうえていた。
わたしのねぎのめ
うんと大きくなったらいいな。

【指導】金子満枝

# きゅうりのハウス

美里町・東児玉小　二年　さいとう　ひろみ

今日は　きゅうりの木をこぐので
おにいちゃんと　手つだいに行きました。
わたしは　小さいきゅうりをとりました
たかいところは
できるだけ　せのびをしてとりました。
とどかないところは
おにいちゃんが　とりました。
きゅうりを　とりきってから
みんなして
きゅうりの木をこぎました。

おとうさんと　おかあさんが
きゅうりのつるを　おとしてから
車につんで　かたづけました。

【指導】井上冨美枝

# まゆ

美里町・松久小　二年　といだ　あつし

おじいちゃんが
きかいでまゆかきをしました。
おばあちゃんとぼくで
かごにたまったまゆをはこびました。
「まゆは、かいこが口から糸を出して、
　自分がはいってから、まゆを作っていくんだよ。」
おばあちゃんがおしえてくれました。
かいこが二つはいっているのは、
まあるいまゆです。
ぼくは四こ見つけました。

【指導】井上冨美枝

# 手つだい

深谷市・大寄小　二年　茂木　ゆり子

よる　おそくまで　しごとをしています
ほうれんそうを　いつも　六百
しばったり　ねっこを　とったりします
わたしが手つだうと
よろこんでくれます
よる　おそくまで
そして
あさ五じに　もっていきます
まだくらいので
わたしは　お父さんのことが　しんぱいです

【指導】金子満枝

# 水くみ

越谷市・大沢小　三年　吉川　賢次

ゆがまの水を川でくんで
つうちゃんが、しょうぎをあらいに来た。
しょうぎにくっついていた
めんこをおとしたら
めだかがあつまってきて
みんなでくっていた。

水は夕日にてらされて
ピカピカだった。
おれのバケツの中にも夕日がはいった。

つうちゃんはしゃがんで
しょうぎをあらっていた。

【指導】大野英子

# てつだい

本庄市・共和小　三年　岩上　雄作

きょうは雨ふりだ
だから　ゆっくりべんきょうだ
そのうえ　けさはとうちゃんが
「田んぼへ　来なくてもいいよ。」
といって　でかけていったから

今まではとうちゃんと
こううんきで田んぼへ行き
とうちゃんのてつだいだった
朝は五時半にでかけ

ばんは八時ごろかえる
へとへとになってはらがへる
だからうんとごはんたべる
おふろにはいると　もうねむい

「少しずつしゅくだいしないね。」
かあちゃんにいわれても
「うん。」といってねてしまう

でもきょうは一日べんきょうだ
早くしゅくだいして
来なくていいといったけど
今日も田んぼへいこう。

【指導】中村幸雄

# 先生

越谷市・大沢小　三年　卜部　文江

井戸ばたで　はつたけを洗うと
手がうんとつめたい。
ほそいみか月が
直子ちゃんちの屋根を見ている。

大野先生は
みか月の出ているのしらない。
あたいが　きのこを洗っているのも知らない。
なにかを考えながら
かきねのそばの道を帰っていった。

【指導】大野英子

# ねぎうえ

深谷市・岡部小　四年　内田　翔悟

赤いダイヤのついているきかいに
ねぎなえを一たばのせてひっぱって
一さく　うえた。
きかいが重かった。
次のさくは　おばあちゃんにかわって
ぼくが　なえをのせた。
一たば　おわって
もう一たば　のせた。
ねぎの頭のところを　ひっぱって
ねっこの下に

赤いすべすべした
下じきの大きいみたいのをいれると
畑にぼうをつきさして
おばあちゃんがひっぱった。
うえおわるとぼうをぬく
うえたなえがぬけないように
土をおさえて　ひっぱる。
何回も何回もくりかえしたので
右かたがいたくて　くたくたになった。
前にうえたねぎは
緑色がこくて
うえたばかりのなえは
黄緑で光っていた。

【指導】金子満枝

# しいたけの木はこび

美里町・松久小　四年　田島　崇裕

一月三日　学校がまだ休みなので
しいたけの木をはこびに行きました。
まず　ハウスに行って
しいたけをとって　かごに入れました。
それから　しいたけをとってしまった木を
トラックにつみました。
おばあちゃんとしました。
こんどは　トラックにのって道をはしって
水どうのある所に木をおろしました。
どんどん　つみあげました。

またハウスにもどって
またはこびました。
もう一回やったら　全部つみおわりました。
きのこのかごをもって
トラックにのって　家にかえりました。
とても　つかれた一日でした。

【指導】井上冨美枝

# はくさい運び

上里町・七本木小　五年　飯島　弘子

かあちゃんと
はくさいを運んだ。
たんかの上に　はくさいを
七つ位積んで　もちあげると
手がだんだんしびれてきた。
庭まで来ると　手がいたくて
下へおっことしそうになる。
なん回も　はこぶと
手が小さくなるようだ。
「まだなれないからだよ」と

# かあちゃんが笑った。

【指導】吉田　満

# くわはこび

上里町・七本木小　六年　相川　昇

くわはこびは重たい
ぼくが　くわをはこぶのに
リヤカーの上のくわがひとつずつふえる
とうちゃんは
いっしょうけんめい　くわを切っている
とうちゃんが切るよりも
ぼくが運ぶほうがはやい
切ってあるくわがおわってしまうと
ほっと一息つく
だが　くわは

あとからあとから切り出されていく
ぼくは　シャツ一枚だけど暑くてしょうがない
とうちゃんは
暑いのも忘れたようにはたらいている
リヤカーが
くわのそくで　いっぱいになると
とうちゃんは　切るのをやめて
「くたびれたか。」という
ぼくは
「おらあ　はらが　ぺこぺこだい。」
といった

【指導】吉田　満

# 戦争

今日戦争
どこでもしてないよね。
（一年　のりひこ）

戦争した国
両方が負けだ。
（日露戦　老兵の言葉）

# せんそう

本庄市・藤田小　一年　仲よし学級　せきね　のりひこ

せんそう
むかし　してやだったから
もうするわけないよね
せんそうで
おかあさんが　しにました
赤んぼもしにました

【指導】大野英子

# せんきょ

本庄市・藤田小　二年　仲よし学級　まこと

ぼくんちの　とうちゃんは
「みんなが　しあわせになるように」って
せんきょしにいくんだと　いってた
せんせいも　そうだろ
それじゃ
せんせいととうちゃん
おんなじ人に　いれるんだね

【指導】大野英子

# おはか

本庄市・藤田小　二年　仲よし学級　うちた　ふじお

どこのお寺にも
兵たいさんの　おはかがある
うんと　いきて
やりたいことが一ぱいあったんだろうにな
おれ　せんそうに　いきたくない
先生に「みんながいかなければ
せんそう　えらい人だけでするの」ときいたら
一ちゃんが　言いました
「せんそうは　いくものじゃなくて
　いかされるものなんだよ。」

【指導】大野英子

# 空しゅう

本庄市・藤田小　六年　仲よし学級
吉川　誠

三月十日
この日、日本になにがあったんだ
三月十日
この日　ぼくらのうちに　なにがあったんだ
おじいちゃんは　何も　はなしてくれない
父ちゃんも　はなしてくれない
だけど　ぼくは知っている
おじいちゃんの　きびしいかおは
戦争をしてはいけないと
叫んでいるかおだ

ぼくのお婆ちゃんは　四十さいで死んだ
よね　四十さい
武雄　九さい
ひこ三　五さい
ミヨ子　二さい
　昭和二十年　三月十日　没
ぼくのうちのおはかには
かなしい字がならんでいる
三十二年前の三月十日　何があったんだ
昭和二十年三月十日
父ちゃんは　今のぼくと
同じとしになっている
父ちゃんは　戦争を見ていたはずだ

そして
ぼくに話してくれなくては
ならない　ことなんだ
おじいちゃんの　からだ全体にしみこんでいる
戦争の　おそろしさを
ぼくは　よーく
きいておかなければ　いけないことなんだ

【指導】大野英子

# 児童詩六十三年の歩み

大野　英子

## 児童詩、良き師、仲間、よい子に恵まれて

### 学校研で校長が背負ってきたのが「児童詩」

「児童詩」という単語さえ聞いたことなどない先生たちに、校長は吉田瑞穂先生を講師として迎えてくださった。三年後、発表会はどうやら終了したが、参加した地元の先生たちの多くが、児童詩研究の継続を望み、「児玉児童詩の会」が発足した。

それから三年目の一九五五年、詩集「あぜくわ」が発行された。この作品に声をかけてくださったのが、詩人・巽聖歌先生でした。

「あぜくわ」
一号　一九五五年発行
二号　一九五八年発行
三号　一九六〇年発行
四号　一九六二年発行
五号　一九六五年発行

勤評の嵐が吹き荒れ、月一度の会合も消えてしまいました。しかし、児童詩大好きな人たちは、毎週火曜日の夜、勉強会を始めました。毎週は組合活動などで来られなくても、次の週にはという気安さからでした。吉田先生、巽先生、みんな御逝去なされ、江口季好先生が引き継いでくださり、人数は少なくなりましたが、火曜日の会の人たちは、それぞれ地域にサークルの根を張り、気づいた時には「埼玉児童詩の会」となっていました。江口先生のご指導で「埼玉児童詩集・七巻」まで発行してきました。江口先生に逝かれた今、八号で一応の締めくくりとしたいと思います。

県北、児童詩の会の発足は、はからずも、県南、埼玉作文の会「いもづる」・中村和江さん主宰と同年でした。

## 子どもたちは時代を語る

### 田うえ

本庄市・金屋小　一年　かずお

先生
みて　みて、おかしいね。

あそこの田んぼ
おとなが　うしのはなどりしてる
あのうち

子どもがいないのかなあ　　　　　　　一九五〇年

この頃の農村の子どもたちは働くのが当然でした。子どもたちの仕事を侵害してはいませんでした。

## げんばくまぐろ

本庄市・共和小　四年　荒井　淳見

とく江ちゃんが
「ほら、見て
　太陽の上の雲　さかなみたい」
と、言った。
見ると　原ばくまぐろみたいな雲が
山のような色で動いている。
雲を見ながら歩いていると

原ばくで死ぬ人のようにくずれかけていく
ふくりゅう丸の船員のことが
頭に浮かんだ。
雲はうすい灰色になって形がくずれていく
急に淋しくなってきた。
あたりが
風のうなるような音で一ぱいになり
雲は
川の水のように流れ出した。

一九五四年

**国が見捨てた戦争孤児**

浮浪児として狩り出された子どもたちは施設に収容されました。保護された地を姓とし様子を名にしたのは、もしやもしや、親が探しに来た時の手がかりでした。

## ほし

上里町・七本木小　二年　和夫

嘉美①えんのみんなで
星を見た。
よっぱらい星②が
三日月の下の方にあった。
よっぱらい星は内田③先生ににている。
ぼくも空へ行きたいな。
ぼくの星は木の上に出て
おうち④を見つけたいな。

一九五四年

①孤児収容施設　②さそり座　③施設指導員・赤い丸顔　④戦災孤児・空襲

## し（詩）

上里町・七本木小　二年　和夫

おれの詩が
東京の本にのった
おれ
盗っ人なんか
していられないぞ

一九五四年

巽聖歌先生ありがとうございました。戦災孤児の日記を認めてもらえた子の、自分への賛歌です。盗まなければ食っていけない浮浪児と言われた子どもたち。推定年齢で二年生です。この俺が生まれて始めて認められました。

## すみがま

本庄市・本泉東小　三年　梅沢　しず江

すみがまのまえであたると

こたつよりぬくとくって
こたつよりぬくとくて
こたつよりいい気持ち。
生ま木のねっこを切って
炭がまにくべるとちょっと生ぐさい。
それは　いろりに入った
しおれた菜っ葉のにおいとおんなじ。
山には木が一ぱいで
父ちゃんは黒い地下たび。

一九五六年

みんな懸命に働いた。この炭は大切な現金収入、家で使うことなんかしない。炭俵を背負って運ぶのも、屑炭を拾い集めるのも子どもの仕事だった。

## 給食のはじまり

〔ララ物資〕※　アメリカから子どもたちに贈られた脱脂粉乳。私たちは、湯に溶く前に粉の中からたばこの吸いがらや針金など拾い出すのが仕事でした。子どもたちは家から持ってきた茶わんについでもらう、お玉一ぱいの粉乳汁を一滴も濡さないように持ち帰り、赤ん坊に飲ませました。食料が乏しかったのです。

※ララ＝アジア救済連盟

## きゅうしょく

上里町・上里東小　二年　大沢　一美

きゅう食は　おれが半分くって
あと布きんにつつんで
英三にもってってくれるんだ。
うれしがるからな。

うるしがるといいな。
いつもパンだけでもうれしがる。
今日は豆まで入っている。
今日のきゅうしょくうんめいかというと
「うん」と言うだろうな。

一九五八年

この作品は給食のはじまりとして、平凡社の百科事典でとりあげられました。

**農繁休み・お蚕休み**

子どもたちは働きました。休みあけ、働きつかれて机に伏して眠りこけている子どもたちもいました。「起こさず眠らせてやれ」とは校長のことばでした。

「家で一番働くのは俺だ！」この気迫を「児童詩は花盛り」と巽聖歌先生は讃えてくださいました。

## のうはん休み

越谷市・大沢小　三年　まさみ

あかっこおぶってつまずいた。
あかっ子がけがするんなら
ぼくがいたくしたほうが
（みよしはいまに　むこにいぐんだ。
三人もいる一ばんしったは
むこにいぐんだと母ちゃんが言ってた。）
子守りしながら心の中で言った。
「ぼくは百しょう止めない
ぼくは一ばんでっかいんだから

うんとはたらくぞ
いまに
むこに行った
みよしんち（家）の仕事もすけてやるぞ」

## あとがき

「児童詩このよきもの」

偶然めぐり合った児童詩の世界。何も知らないまま児童詩とともに生きてきました。

佳き師、よい仲間、よい子、良いおかあさんたちに恵まれて六十年あまり過ぎてしまいました。

結婚や転居などで遠くはなれた仲間は、それぞれその土地に児童詩サークルを作り、しっかり根を張ってくれました。私はそこへ出向くのが何より楽しみでした。

そして気づいた時には県北の僻地に芽吹いた「児玉児童詩の会」は「埼玉児童詩の会」になっていました。

おぼつかない私らを教え導いてくださった江口季好先生のご逝去のあとを

引きついでくださった太田昭臣先生、多ぜいの仲間たち、ひたすら詩を書いてくれた子どもたち、協力してくださったおかあさんがた、おぼつかない私をひたすら支えてくださった木村宰子様、みんな、みんなありがとうございます。

「埼玉児童詩集」八号の出版に一方ならぬご尽力いただきました太田昭臣先生、村山惇様、廣岡一昭様、お礼のことばもございません。

「埼玉児童詩集」は八号で一応終了いたしますが、児童詩の会は続けております。

みな様ありがとうございました。

二〇一六年十一月

大野　英子

埼玉児童詩集　8
わたしのおとうと

二〇一七年二月二五日　初版　第一刷発行

編　者　大野英子
発行者　廣岡一昭
発行所　旅と思索社
〒一〇一―〇〇五四　東京都千代田区神田錦町三―二一
電話　〇三―六八六九―八四五五（代表）

印刷・製本　モリモト印刷株式会社



ISBN978-4-908309-00-7